ANIMALIA

(A LA RUEDA, RUEDA)

EOLAS
ediciones

ANIMALIA
(A la rueda, rueda)

Cecilia Domínguez Luis

A quienes se salen de la rueda.

FUTURO

Será el día del asombro.
De un bocado
un insecto se tragará a otro insecto,
sin pararse a apreciar su sabor,
acaso agridulce,
su médula lasciva o inocente.
¡El horror!
Exclamará el coro
de algunos anacoretas infelices
que se flagelan, con deleite,
mientras el gran insecto se dispone a huir
de la lengua de una salamandra voraz.

MALAVENTURANZA

Toda una manada y un solo temor
que ruge sobre un podio de piedra.
¡Malaventurados los mansos!
Aquellos que se reconocen,
mientras miran el sol del poniente
con la esperanza del alba.
¡Malaventurados los mansos!
Porque no habrá
suficiente tierra para la huida.
Serán presa fácil.

Salta el tigre, saltan los tigres.
Ya han elegido sus presas.
Esperan las hienas.

ESCORPIO

El viento se lleva los restos de las presas
y borra las huellas de sus depredadores.
De entre las piedras
asoma un escorpión.
Está solo, bajo un sol que calcina.
Tal vez se deje morir.

TELARAÑA

El insecto, acaso envejecido,
no puede explicarse
cómo después de haber emprendido el vuelo,
con el zumbido monocorde de sus alas,
se vio sorprendido por un laberinto
que se parecía mucho al de sus peores sueños.
¿Qué hacer sino dejarse arrastrar por la brisa
y luego ser atrapado entre los hilos luminosos?

No opone resistencia
porque nunca supo de futuros,
como tampoco sabe que ha libado
su última gota de savia bajo un manzano.

IGUANA

Llega el verano.
Te has saciado
pero de nada te salvará tu camuflaje.
Te ha delatado tu lengua voraz,
y el felino acecha.

MANTIS

A José Watanabe y su poema
La mantis religiosa (I.M.)

Soy esa ofrenda inútil,
la hoja que, muy pronto,
se llevará una brisa leve,
apenas aura o soplo.
Soy la prueba de amor y lujuria
más irrefutable.
Abrió la boca,
y su lengua penetró hasta el fondo,
y yo sentí el ardor y el vaciamiento,
que fue mucho más allá
de mi cuerpo de hojarasca.

LECHUZA

La lechuza se enfundó en la noche.
No le gusta el canto de los grillos ni el de las pardelas,
porque malicia que previene a sus presas.
Inusitado, canta un gallo en lo oscuro
y hay un desconcierto en los plumones de las aves marinas
y en el corazón de las cigarras.
Calla el gallo.
Le lechuza ulula, convicta y confesa.

SERPIENTE Y TARÁNTULA

No me gusta que seas como yo,
infame, venenosa,
traidora que ataca por sorpresa.
Pensarás que es envidia,
pero cómo envidiar tu rechoncho cuerpo torturado…
Tal vez sea esa competencia en la muerte.
Pero, ya sabes: nos puede el instinto,
y veo que tú estás en desventaja.
Enfrentémonos, pues,
          o salgamos del sueño.

RATÓN

Esta vez
has conseguido huir.
Dirigió mal el gato su zarpazo o, acaso,
fue la noche y esa luna menguante
que le hizo ver fantasmas
y oler la maresía que detuvo su instinto.
En tus fauces la vianda nocturna.
No te fíes.
Tal vez sea esta tu última escapada.

GATO

El gato que no caza ratones
no deja de ser gato.
¿Ha perdido su instinto
porque tiene asegurado el pan de cada día?
El gato es un felino astuto.
Le conviene saber —y sabe—
en qué lugar su pelaje lucirá con más brillo,
dónde ser el centro de su reino
de almohadones silenciosos.
Pero acaso un día vislumbre,
sobre un tejado,
a otro felino erizando su lomo desafiante,
y se olvide de todo —o recuerde—
y salte el muro,
          y ya no regrese.

TRANSCURSO

Hay un guirre que espera sobre una rama.
El revés de la historia,
el único y verdadero transcurrir de los días
tiene mucho de fiera al acecho.
A la víctima le queda
la inútil esperanza de la huida.
Sobre el muro
cae el jilguero en las garras del gato.
El guirre no se mueve de su rama.
Espera al mastín
que acecha el primer ronroneo
                    para su dentellada.

ESTRATEGIA

Si la presa se escapa
y se interna en el bosque,
todo consiste en averiguar
dónde está su guarida
y esperar a que el sol se ponga.
¿Quién no regresa en los ocasos?
¿Quién no necesita buscarse en los otros?

LIEBRE

Tu miedo excita a los podencos.
No sé si sabes
que eres su presa preferida.

PODENCOS

Azuzados estamos por el hambre.
Nos ofrecen las sobras.
Somos sicarios en medio de una nada
que huele a estepa.
Y damos la dentellada en el lugar preciso,
porque nos resistimos
a ver el miedo en sus ojos.

ESTEPARIO

La indulgencia es pesarosa:
no calma, no apacigua, no amansa.
No tenía que haber mirado aquellos ojos
ni ver cómo temblaba su cuerpo.
Pero el indulto no quita el hambre
ni el deseo de ser lo que es,
de dejar esa huella que todos reconozcan
y que por ella lo teman y reverencien.

No estoy hablando de ningún dios
—aunque pudiera ser—
Puede el instinto y el lobo se abalanza.

ARAÑA Y GORRIÓN

El gorrión ve a la araña tejiendo
entre las ramas de un rosal.
Perfuman el aire las rosas
y se escucha el zumbar de las abejas.
Antes de atrapar a una lombriz incauta,
acaso el gorrión
desee que la araña se extravíe
en su propio laberinto.

CERNÍCALO

El cernícalo no mira las flores del camino,
ni el bosque,
ni el cielo, inmensamente claro.
No le bastó el canto interrumpido
ni la jaula vacía.
Lo atrae el gorrión,
al que concede un tiempo
para que engulla, incauto, su presa.

GATO II

El maullar del gato no es llanto
—o tal vez sí—
El gato eriza su lomo
cuando los graznidos se multiplican.
El gato ignora la leyenda de sus siete vidas,
y salta del alero.

AGÜERO

Un canto intenta sofocar la noche
sobre el acantilado.
Un canto que acecha el descuido,
que fija sus notas
en la raíz de un matorral.
Huele a salitre.
La soledad se mide en metros cuadrados,
en una lámpara que oscila
en un deseo ondulante de fuga.
Cesa el canto y cae la presa.
El búho, ahíto, duerme en su nido de tierra.
El gato se eriza y espera el alba.

GAVIOTA

No hay descanso para sus alas.
Su pico voraz le exige
un incesante vuelo, planeo,
caídas en picado hasta atrapar la pieza.
Cae la noche.
Nadie sabe si llegará a su nido.

NOCTURNO

Se oculta el ojo del felino en la maleza.
Acaso sea solo el ojo de una liebre asustada
que desea un milagro.
También parece desearlo ese jilguero
que merodea alrededor de la Bonanova.
Se oye una música de otro tiempo,
unos pasos de otro tiempo,
que ahora se arrastran en la huida.
Es una noche de colibríes
que se desangran en la flor.
Nadie intenta el salto.
Mejor un sueño sin matices,
de un color imposible,
para una aún lejana aurora.

MARSUPIALIA

Cuando llegó la hora del espanto
corrieron los saltimbanquis,
llenaron sus bolsas de pertrechos y de hijos
y saltaron por las estepas, sin rumbo.
El cielo tenía el color de los atardeceres,
pero llegaba un fuerte olor a incendio.
Ellos no tenían dioses a los que dirigirse,
o los habían olvidado
—no era la memoria uno de sus dones—
Por eso saltaron y saltaron
hasta que fue la noche.

ÁGUILA

Primero fue el sol en ascenso
y ese vuelo inaudito entra la ráfaga y el vislumbre.
Después la inmovilidad en el despliegue de las alas.
El águila, hecha de luz solar sobre la cima,
y su instinto tramando la caída en torbellino.
Vigila, otea.
Descubre algo que huye bajo un sol que calcina.
No hay sueños que prevengan.
Nadie sueña.
Las garras se preparan y el águila cae en espiral.
Aún queda un último salto de la presa.
Sigue el sol.
Una serpiente repta, sigilosa.

SERPIENTE

Esta vez fue más cruel.
No necesitó engaño
—tan solo un descuido—
Y no recordaba qué fruto fue su cómplice.
Sólo buscaba tiernos aranceles:
aquellos que piaban hambrientos y los aún por brotar.
Conocía el nido en el saliente de la roca,
y reptó en silencioso baile.
Luego actuó veloz.
El águila asciende, lentamente, con su presa,
hacia un nido vacío.

CACERÍA

Ah, el espanto,
el miedo que paraliza
y convierte en presa fácil al gacel,
mientras en la cebra, víctima elegida,
pudo más el instinto
y huyó al galope.
Se abalanza el jaguar.

LA PIEZA

Los buitres merodean sobre el cadáver del gacel.
Tal vez pudo salvarse.
Era verano y, realmente,
el cazador no lo quiso abatir con su flecha.
Su blanco era un tigre que se ocultaba en la espesura.
Pero la flecha desvió su ruta porque,
acaso, quiso una bella víctima.
—Los motivos de la flecha nadie los conoce—
Y huyó el cazador, sintiéndose culpable,
y embadurnó su cuerpo con ceniza.
Ahora, los buitres están sobre el gacel.
Cae el sol.

EN CADENA

El ciervo, o lo que queda del ciervo,
yace.
También yace, saciado, el jaguar.
Merodean los buitres
—un círculo vicioso
que romperá el más viejo de la bandada—
Empieza el banquete de los restos.
Inesperado, un cuervo
le saca los ojos al jaguar dormido.
El azor cae en picado.
El escorpión aguarda.

RATÓN II

Ratón:
Si caíste en la trampa
y no puedes liberarte,
o has probado el veneno mortal,
véngate.
Arrástrate a morir
hasta el rincón más escondido de la casa.
Tu hedor infestará todos los rincones,
y te buscarán,
como a su propia culpa.

GATO III

No encontré otro lugar.
Ya pasó el tiempo del salto, la captura,
del bocado, apenas delicioso
—no sabe bien el miedo—
y las palmadas de recompensa
por la presunta hazaña.
Yo solo era fiel a mi condición,
no sé si impuesta, pero aceptada,
después de que se acabó la leche y la miel
que imaginé infinitas;
el lecho blando, el despertar al sol,
la carrera, la caza, el ronroneo.

En el jardín extraño preparo un lecho,
cavo y lo relleno de ramas y hojas,
como un nido.
Debo protegerme
de aquellos que son una amenaza.
Luego ya podré dormir.

TORTUGA

La tortuga, dentro de su caparazón,
no sueña con convertirse en mariposa.
Nunca ha envidiado su vuelo fugaz.
Sobre la arena húmeda
sueña con siglos de derrumbes pasados y futuros,
mientras el mar se puebla de seres extraños
y el olor a maresía invade los tarajales.
Sueña que la tierra hierve y se abre,
que no hay cantos de pájaros,
y aun así, ella perdura.
Pero su peor pesadilla
es la de despertar boca arriba,
bajo un sol sin clemencia.

CRÓNICA

Las cucarachas acechan bajo las hojas.
Un ejército de hormigas transporta el grano
en fila de a una,
y las cigarras son Casandras
que predican la llegada de las hecatombes.
Se diría que el aire huele a azufre de rencor,
el cielo se convierte en una gran telaraña azul,
y todo se transforma en laberinto.
Llega el instante y las cucarachas se precipitan.
Los cuervos miran, depravados,
esperando no se sabe qué,
y huyen los gorriones hacia el olvido.
Hay un reguero oscuro,
como un sendero que no lleva a parte alguna.
Se espera un viento que disperse las huellas del estrago.

LO FATAL

Si esta brisa se convirtiera en viento
y borrase el sendero, arrancara los árboles,
segara la hierba e hiciera huir
a todos los habitantes de la estepa o el bosque.
Si se llevase a las aves en su remolino,
y a las pequeñas bestias,
que no tuvieron tiempo para la fuga,
aun así y, a pesar de todo,
regresarían, con su carroñero deseo,
los buitres.

ESCORPIÓN

Habría que buscar,
entre los escombros,
al escorpión
que fue principio y fin de sí mismo,
antes de que siga la rueda,
antes de que se cierre el círculo
y se haga infinito.

Índice

© de los textos: Cecilia Domínguez Luis
© de la edición: EOLAS EDICIONES

Diagramación: contactovisual.es
Fotografía de portada: Benri185 / depositphotos.com
ISBN: 979-13-87753-78-8
Deposito legal: LE 60-2026
Impreso en España - Printed in Spain